Gratitude Envers la Création

Gratitude Envers la Création

Jean-Jacques Trifault

Footsteps to Wisdom Publishing

GRATITUDE ENVERS LA CRÉATION

Footsteps to Wisdom Publishing

copyright © 2011 Jean-Jacques Trifault
L'édition originale a paru en anglais sous le titre:
Gratitude to the Creation
copyright © 2008 Jean-Jacques Trifault

Traduit de l'anglais par Joelle Bliksas

D'Autres Titres :
Everything is a Gift
Tout Est Un Don
God is In My Heart
Dieu est Dans Mon Coeur
Gratitude to the Creation
Gratitud a la Creacion
An Open Heart Comes from an Open Mind
Can We Be the Gift for Someone?
The Body of Christ, Volume One
Among Those Born of Women There Was None Greater than John

Conception de Couverture: Katarzyna Krawczyk

ISBN-13: 978-0-9847433-0-8

www.footstepstowisdom.org

C'est une nouvelle journée qui commence aujourd'hui, et vous vous êtes réveillé ce matin tout heureux. Le soleil qui se levait vous incitait à sauter hors du lit et vous avez joyeusement obéi à son appel : vous vous êtes levé, vous avez ouvert la fenêtre en grand, et une fraîche brise printanière vous a enveloppé de son arôme matinale.

Vous vous êtes exclamé : << C'est une nouvelle journée aujourd'hui ! Une journée merveilleuse ! >> : Oui, face à une matinée comme celle-ci, vous pouvez remercier d'être en vie. Chacun d'entre vous doit avoir, au moins une fois dans sa vie, fait l'expérience d'un tel matin.

Nous recevons tellement de la part de la création, depuis le soleil qui nous réchauffe ou de l'air que nous respirons jusqu'à la nourriture que nous prenons au petit déjeuner ou au confort de nos maisons qui nous abritent et procurent à nos corps le bien-être du chauffage en hiver ou de l'air conditionné en été. Si nous regardons tout autour de nous, nous pouvons voir bien des choses qui nous plaisent ; mais certaines autres aussi nous troublent. Par exemple, si nous observons l'état actuel de la création, nous ressentons un malaise : Notre Mère La Terre semble être en train de mourir aujourd'hui, n'est-ce pas ? Certaines personnes pensent que c'est un avertissement d'ordre climatique, mais il pourrait bien y avoir une autre explication. Peut-être que la création se meurt aujourd'hui parce que personne ne reconnaît tous les dons qu'elle nous prodigue ? La création offre chaque jour beaucoup de choses à l'humanité mais il n'y a personne qui lui dit << merci >> . Jour après jour nous ne pensons qu'à prendre encore et encore au détriment de la création qui se trouve de plus en plus privée de ses ressources.

Si la création est en train de mourir, cela signifie qu'il doit y avoir une relation entre elle et les personnes responsables de cette situation. Se pourrait-il que les gens soient aussi en train de mourir ? Si les êtres humains étaient bien vivants, ils auraient non seulement conscience de leur propre vie, mais reconnaîtraient aussi ce qui les maintient en vie et les nourrit : c'est-à-dire la création elle-même.

Mais si les gens sont en train de mourir, ils ne peuvent absolument pas apprécier ce qui leur est donné parce qu'ils sont trop occupés à lutter contre leur maladie. Cette préoccupation les empêche de porter leur attention à la création, ce qui signifie qu'ils vont très rarement pouvoir dire << merci >> aux fleurs, aux plantes, à l'air, au soleil, et à tout ce qui les entoure.

En fait, ce siècle a été un désastre pour la création ; nous prenons tout ce que nous pouvons de la terre et nous nous plaignons ensuite parce qu'elle ne nous donne pas assez. Les pays riches prennent les ressources des autres pays, nous creusons par exemple beaucoup de trous dans la terre tout en nous plaignant toujours qu'elle ne nous donne pas assez. Mais si la création accepte de se donner, c'est peut-être parce qu'elle n'a pas de voix pour se plaindre comme nous le faisons ? Le problème essentiel est que nous ne lui donnons ni l'amour ni la reconnaissance dont elle a besoin pour se renouveler.

Si nous observons les lois de la nature, nous réalisons que le concept du << dedans et dehors >> ou du << recevoir et donner >> a toujours existé. Par conséquent,

si les êtres humains ne pensent qu'à prendre seulement
de la création sans rien lui donner en retour, cela veut
dire que nous ne suivons pas cette loi. En dépit du fait
que la terre continue de nous donner les matériaux à
l'état brut, elle a désespérément besoin de notre amour
et de notre gratitude pour se maintenir et se recréer. Les
êtres humains savent bien pourtant combien l'amour est
nécessaire ; ils sont même passés << professionnels >>
dans la recherche de l'amour indispensable à leur existence et à leur bonheur. Cette connaissance devrait donc
nous amener à reconnaître que la création, elle aussi, a
besoin d'amour n'est-ce pas ?

Le Miracle de la Création

L'observation de la nature nous enseigne que, si nous
mettons une graine en terre, elle va devenir une plante.
Cette plante peut produire beaucoup de fleurs et finalement de nouvelles graines en abondance. Est-ce que cela
n'est pas un miracle ? Ne sommes-nous pas émerveillés
de voir qu'une seule graine peut produire une centaine et
même plus d'autres graines ? En utilisant notre seul esprit logique, nous devrions dire que si nous plantons une
graine, elle ne devrait donner qu'une seule autre nouvelle graine ; mais il n'en est pas ainsi. Par conséquent,
la nature fait un miracle, et même si nous ne voulons pas

le reconnaître, ce miracle existe bien et se répète chaque jour. Pour comprendre l'idée de miracle par le fait de donner de l'amour en disant << merci >>, examinons la relation qui existe entre les êtres humains. Quand vous donnez de l'amour à quelqu'un d'autre, vous, en tant que personne qui donnez, ressentez également de l'amour qui vous revient, surtout si la personne est reconnaissante envers vous. Et plus la personne va reconnaître l'amour que vous lui donnez, plus vous allez vous sentir heureux à tel point que si vous étiez malade par exemple, vous oublieriez complètement votre maladie, et si vous étiez fatigué vous vous mettriez soudainement à retrouver toute votre énergie. Cette même loi s'applique aussi à la création. Par conséquent, si nous devenons plus reconnaissants envers ce que nous recevons d'elle, la terre produira suffisamment de fruits et de légumes mêmes si la population ne cesse d'augmenter. Pour l'instant, la création n'a pas encore atteint sa pleine capacité, mais si elle reçoit plus d'amour, elle donnera beaucoup plus, allant même au-delà de sa capacité, sur la base du principe de << donner et répondre >> .
Mais aujourd'hui vous voyez l'opposé : parce que nous

prenons sans dire merci, la création alors produit de moins en moins.

Les êtres humains ne sont pas encore très sensibles à la souffrance de la création car ils sont eux-mêmes trop occupés à souffrir de toutes sortes de maladies mystéri-euses. Je décrirais la situation de ces personnes comme ceci : leur esprit est toujours confus et douloureux, leur cœur toujours assoiffé et leur corps si fragile qu'ils res-sentent la nécessité de vivre entourés de toutes sortes de docteurs. Tant que les humains vivront dans un tel état, la création n'est pas près d'être prise en charge. Il faudra attendre que les êtres humains rétablissent la force de leur esprit, et apprennent à donner << l'eau de la vie >> à leur cœur, afin de remettre leur corps en bonne santé.

Comment pouvons-nous arrêter ces problèmes ? Logiquement on ne peut pas demander à une personne malade de prendre soin de qui que ce soit d'autre en de-hors d'elle-même. Mais sur la base de l'idée de miracle dû à la gratitude comme indiqué ci-dessus, la seule façon pour qu'une personne malade se sente mieux, c'est qu'elle prenne soin de quelque chose d'autre ou de quelqu'un d'autre en dehors d'elle-même. Le fait est que, même si nous ne sommes pas encore vraiment en très bonne santé, nous allons connaître une amélioration en disant

<< merci >> à la création autour de nous, en remerciant par exemple pour un simple bouquet de fleurs que nous venons de recevoir, et que nous disposons joliment dans un vase sur la table de notre salon. Vous allez peut-être penser que le fait de dire seulement << merci >> ne va rien changer ni rien améliorer dans votre vie. Mais si vous ne dites pas << merci >> à la création, qu'est-ce que vous exprimez à la place ? La plupart du temps vous ne direz sans doute rien, ce qui signifie que vous êtes indifférent à ce qui existe autour de vous. Cette attitude, en fait, crée elle aussi une forme de << miracle >> , mais cette fois-ci, du côté négatif, parce qu'elle entraîne une baisse d'énergie en vous. Alors, en supposant que vous puissiez choisir entre créer un miracle qui vous apporte quelque chose de positif et un miracle qui entraîne de la négativité, lequel choisiriez-vous ?

Vous pensez peut-être ne pas avoir besoin de vous montrer reconnaissant envers la création parce qu'elle existait déjà bien avant vous, et sans votre propre contribution. Mais avec cette sorte de pensée, vous risquez de développer l'attitude qu'il est normal que tout vous soit donné et soit immédiatement à votre portée, et si la création ne satisfait pas votre désir, vous allez facilement l'accuser. Nous pouvons reconnaître et conclure que, les êtres humains qui pourtant se disent civilisés, ont une faculté très pauvre de remerciement.

Une Attitude D'exigence

Le problème est que nous avons tendance à regarder la création en exigeant d'elle qu'elle nous donne le soleil, l'eau, l'air et toutes les autres ressources qui existent autour de nous pour notre survie. Et, parce que nous avons développé cette attitude d'exigence envers la création, au lieu de celle de gratitude, nous sommes amenés à croire que nous sommes les maîtres du monde et nous nous comportons comme tels en effet.

Ce manque de gratitude s'étend à d'autres aspects de notre vie. Par exemple, sur notre lieu de travail, nous pouvons penser que nos collègues ou les personnes de service qui travaillent dans notre entreprise << doivent >> faire ce que nous leur demandons, spécialement s'ils sont dans une position inférieure à la nôtre, ou bien que notre patron << doit >> nous donner notre salaire. Et lorsque nous rentrons chez nous, nous n'avons la plupart du temps aucun changement d'attitude en ouvrant la porte. Nous continuons d'avoir ce même comportement autoritaire et exigeant envers toutes les personnes et toutes les choses de notre maison, leur demandant d'accomplir

le moindre de nos désirs. Dès que notre époux ou épouse ouvre la porte, nous allons immédiatement lui demander de nous rendre service et nous aurons ce même comportement envers nos enfants, en nous attendant à ce qu'ils fassent également quelque chose pour nous. Avec le temps qui passe, nous allons réaliser que le mot << doit >> est devenu une extension de notre attitude personnelle à tel point que nous penserons que les autres devraient toujours faire ce que nous leur demandons au lieu de nous montrer reconnaissants pour ce qu'ils font ou nous donnent déjà.

Cette nature de toujours exiger quelque chose ne favorise pas la liberté, bien au contraire, elle crée des relations de << totalitarisme >> qui ne laissent pas de place à la liberté ou à la reconnaissance. Nous avons cette même exigence envers la création quand nous lui demandons de nous donner le meilleur d'elle-même ; chaque fermier, par exemple, espère que sa récolte lui donnera les meilleurs fruits ou les meilleurs produits. Le jardinier aussi espère que ses fleurs vont lui murmurer à l'oreille : << Je vais produire la plus belle floraison pour

toi >> ; et le pêcheur espère que les poissons lui déclar-
eront : << Je veux me multiplier encore plus vite pour
toi >> . La création peut accomplir toutes ces choses
et nous pouvons en recevoir les fruits ou les bénéfices
que nous désirons, mais si notre attitude est celle de
l'exigence au lieu de la reconnaissance, pouvons-nous
recevoir de l'amour dans ce cas ? Non ; nous ne pouvons
pas recevoir d'amour parce que nous sommes bloqués
par la pensée que tout << doit >> exister pour nous.

Si la création pouvait parler, elle nous dirait que cela
ne va pas ; elle serait en droit de nous faire remarquer :
<< Si tu m'appréciais plus, je te donnerais encore plus de
fleurs, de fruits, de légumes ou de poissons >> . La création s'est sûrement déjà demandée pourquoi elle devrait
produire plus, puisque les êtres humains ne considèrent
pas que cette multiplication soit un acte d'amour de sa
part pour nous. Après avoir donné de nombreuses récoltes, année après année, sans jamais avoir reçu un mot
de reconnaissance de la part des humains, la création
ressent peut-être qu'elle est seulement notre servante.
Et plus les fermiers, les jardiniers ou les pêcheurs utili-
seront le mot << doit >> , moins ils seront satisfaits,
à tel point que la terre risque de produire de moins en
moins jusqu'à ce qu'elle finisse par ne plus rien produire
du tout.

Nous vivons pourtant à une époque où nous recevons tellement plus de choses en comparaison de celle de nos ancêtres, et malgré cela, nous ne pouvons prétendre vivre dans un monde qui a plus d'amour ! Notre attitude qui demande que les choses existent pour nous en est la cause ; en ne disant pas << merci >> nous ne pouvons pas ressentir l'amour venant de la création. Notre attitude basée sur l'idée de << elle doit >> bloque notre corps, l'empêchant de recevoir quoi que ce soit. Par conséquent, la création ne produit que ce qui est nécessaire à la survie au lieu de produire par rapport à la puissance de l'amour.

Les journaux que nous lisons sont remplis de rapports concernant de très sérieux problèmes d'environnement. L'humanité peut-être ne peut plus réparer les dommages déjà occasionnés, comme ceux liés à l'ozone et au carbone et s'il n'y a plus d'oxygène, c'en est fini de nos vies ! Il semblerait en effet que le principal risque de décès soit non pas la bombe atomique mais le manque d'oxygène.

Origine de la Théorie de : Il ou Elle << Doit >>

D'où provient cette théorie que tout << doit >> venir à nous sans quoi nous avons le droit de nous mettre en colère ? Elle ne vient sûrement pas du processus de la création parce que, comme nous le savons, chaque atome peut seulement exister s'il s'harmonise avec un ou plusieurs autres atomes, ce qui va nous permettre, à nous les humains, d'exister à notre tour. Les atomes d'oxygène s'harmonisent avec les atomes d'hydrogène dans le but de former de l'eau et ainsi de suite. Ce concept de donner et recevoir au niveau d'une molécule est un aspect inhérent à l'existence physique des êtres humains. Mais si les êtres humains ont à l'esprit la seule idée de prendre sans jamais donner en retour, cette idée alors est complètement opposée au fonctionnement de la création elle-même.

Quand nous regardons plus profondément la situation, nous voyons que cette théorie de << Cela m'est dû >> de << Cela doit venir à moi >> de << Les autres doivent le faire pour moi >> ou même << Je dois faire cela pour toi >> vient du fait que nous ne voulons jamais rendre service ou faire plaisir aux autres. Nous n'aimons pas donner, nous n'aimons pas répondre, nous n'aimons que prendre et attendre au contraire, et parce que nous présumons que les autres sont comme nous,

nous croyons qu'ils n'aiment pas non plus faire plaisir. Par conséquent nous allons les forcer à faire quelque chose pour nous. Le mot << doit >> est partout, parce que notre attitude de base est que nous n'aimons rien faire du tout pour les autres.

Il vous est sûrement arrivé d'avoir cette attente envers une chose physique, votre voiture ou toute autre chose matérielle, tout spécialement si cet objet s'arrête tout à coup de fonctionner correctement. Quand votre voiture ne démarre pas, allez-vous lui dire : << Oh ! Comme je regrette d'avoir oublié de te remercier pour toutes les fois où tu as bien fonctionné >> ? Non, bien au contraire, vous allez dire : << Qu'est-ce qui ne va pas avec toi ? Tu es faite pour marcher comme je le veux, et tu n'as pas le droit d'arrêter de travailler pour moi ! >> Peut-être même que, dans certains cas, cette voiture recevra un bon coup de pied de la part de son propriétaire !

Quelquefois, le fait de crier et de battre sa voiture peut l'aider à démarrer, mais à cause de votre attitude, même si votre voiture finit par faire ce que vous lui avez demandé, vous ne recevrez sûrement pas d'amour de cette relation. Vous pouvez peut-être réussir à atteindre votre objectif, mais vous ne pouvez sûrement pas recevoir l'amour qui était à l'intérieur de cet objet. Pas plus que dans le cadre de votre famille : vous ne recevrez pas d'amour demain matin lorsque vous vous retrouverez en train de rouspéter parce que votre petit-déjeuner n'est pas servi à temps ou préparé comme vous le voulez. Il en est de même, dans le cadre de votre travail : vous pouvez gagner de l'argent, mais vous ne ressentirez aucune joie à le recevoir. Et si, pour une raison ou une autre, quelqu'un vient vous donner un coup de main, mais qu'au beau milieu de cette aide, il vous vient à l'esprit que cette personne << doit >> vous aider, vous perdrez également cette part d'amour. Même si la personne accomplit quelque chose pour vous, votre exigence envers elle vous empêchera de ressentir quoi que ce soit de cette personne qui pourtant est venue librement vous aider. Avec le temps, votre pensée va affecter votre personnalité à tel point que les autres vont se mettre à penser qu'il n'y a pas d'amour en vous.

En vivant de la sorte, vous pouvez peut-être obtenir tout ce que vous demandez, mais vous ne recevrez jamais le sentiment qui va avec. C'est la grande différence avec le fait de dire merci pour ce que vous recevez. Les êtres humains n'ont pas qu'un corps physique; ils ont aussi un esprit et une âme qui ont besoin d'être remplis par l'amour. Si vous recevez quelque chose et que vous n'en ressentez pas de joie, cela veut dire que votre âme n'est pas heureuse. Votre corps est heureux peut-être mais pas votre âme, car vous avez besoin d'amour pour vous créer, vous remplir et maintenir la beauté de votre âme.

Qu'en est-il de la création qui vit tout autour de vous et qui est en grande partie consumée par vous ? De quoi les fleurs ont-elles besoin ? Elles ont besoin de quelqu'un qui passe à côté d'elles et leur dise << merci >>. C'est pourtant ce que nous apprenons à nos enfants à dire, n'est-ce pas ? Dès qu'ils ont un an ou deux, nous leur demandons de dire merci pour tout ce qu'ils reçoivent parce que nous savons en quelque sorte que cela les aidera à recevoir l'amour.

Par contre, si on nous enseigne dès le plus jeune âge le mot << doit >>, non seulement nous ne recevrons pas d'amour, mais nous allons vite nous mettre en colère. Si nous avons toujours cette attitude de << il ou elle doit >> cela signifie que dans notre vie quotidienne, nous allons nous comporter avec toutes sortes d'exigences : nous attendre à ce que quelqu'un nous ouvre la porte quand nous passons ou qu'un magasin nous propose une bonne affaire à chacune de nos visites par exemple. Nous nous rendrons même un jour au bureau de la mairie, et n'aurons aucune difficulté à dire : << Puisque vous êtes du gouvernement, donnez-moi de l'argent ! >> : ce genre d'attitude peut nous servir à obtenir ce que nous voulons mais est-ce que cet enseignement peut nous aider à nous laisser approcher par l'amour ?

S'approcher de Dieu et Recevoir Son Amour

Si nous sommes éduqués à employer le mot << doit >> avec une attitude de domination quand nous nous approchons des personnes ou des choses qui nous entourent, alors, à un niveau différent, quand nous nous approcherons de Dieu, nous commencerons aussi à dire: << Tu sais Dieu, Tu dois faire ceci ou cela pour moi. Si Tu es un Dieu de bonté, comme je le crois, alors Tu dois faire tout ce que je veux ! >> ; si Dieu n'était pas un Dieu bon, peut-être que nous ne nous sentirions pas aussi libres d'utiliser ce mot << doit >> envers Lui ? Mais comme on nous a toujours présenté Dieu comme un Dieu d'amour et un Dieu Tout Puissant, cette théorie ne peut que nous aider à développer notre attitude de << Il doit >> envers Lui.

Par conséquent, nous devons nous poser cette question : << Pouvons-nous, avec cette sorte d'attitude, recevoir l'amour de Dieu ? >> ; une chose est sûre : si nous nous comportons avec une telle attitude d'exigence envers notre partenaire, en lui demandant constamment

de faire ceci ou cela pour nous, il ou elle va se mettre à
se rebeller contre nous. Et avec le temps qui passe, ne se
sentant pas appréciée, cette personne va nous demander
: << Mais qui je suis pour toi ? >> en pensant finalement que nous ne sommes pas dignes de recevoir son
amour, même si elle continue à faire ce que nous lui
demandons.

Si les êtres humains objectent devant le fait d'être
traités par les autres avec les mots << tu dois >>, qu'en
est-il du Dieu de bonté ? Est-ce que Dieu peut donner
Son amour à quelqu'un qui exige quelque chose de Lui
au lieu de le Lui demander avec humilité ? En vertu de
la loi de l'amour qui existe là où règne la liberté, Dieu
ne peut sûrement pas donner Son amour à une telle personne. Cette attitude de << Tu dois >> rend absolument
impossible toute relation d'amour avec Dieu.

La raison qui fait que nous ne percevons pas l'attitude
de << Il doit >> comme inappropriée dans une relation
d'amour est que, la plupart du temps, nous demandons
des choses liées à la matière. Par conséquent la réponse
que nous attendons nous est donnée par des personnes
et non par Dieu, comme par exemple lorsque nous voulons recevoir de la nourriture ou bien l'argent de notre
salaire. Même sans avoir appris la bonne manière de les
demander, nous pouvons recevoir ces choses sans être

rejetés automatiquement. Mais si l'intention de Dieu était aussi de nous donner Son amour quand nous recevons quelque chose de matériel, alors cette attitude de << Il doit >> serait le premier obstacle qui arrête Son amour. Si vous réfléchissez profondément sur ce qui vient d'être dit, vous pouvez réaliser que toute personne qui vit autour de vous est en fait, un don. Vous n'êtes pas celui qui a crée la personne, vous ne faites que vivre avec elle. Par conséquent, si vous désirez créer une nouvelle façon de vivre, vous commencerez à dire que personne ne << doit >> pas vous donner quoi que ce soit et vous mettre à exprimer au contraire de la gratitude pour ce que vous recevez. Si vous pensez de la sorte, vous serez toujours dans la position de contenter la partie la plus profonde des autres qui est leur âme, et surtout contenter le Dieu d'amour invisible.

Avec cette attitude, si vous recevez quelque chose de la part d'un ami, vous ressentirez de la paix et bien d'autres sentiments merveilleux. Vous vivez sur un plan physique, mais si vous transformez votre pensée ou votre perception, vous recevrez non seulement la matière mais aussi l'amour de Dieu contenu en elle.

Il est triste de voir les gens recevoir beaucoup de choses matérielles sans jamais recevoir l'amour qui passe avec tous ces actes. Au moment où nous commençons à prendre conscience que notre âme ne reçoit pas tellement

d'amour en proportion de ce que
notre corps physique reçoit,
nous pouvons accepter de
réaliser humblement que
notre âme est en fait vide de
tout amour. C'est seulement
quand nous acceptons cette
réalisation – même si elle n'est
pas celle que nous nous attendions à
découvrir – mais si toutefois nous l'acceptons, et si nous
la comparons avec ce que nous recevons quand nous
sommes reconnaissants, alors nous pourrons commencer
à croire dans la puissance de la gratitude. Et si nous nous
mettons à parler avec des mots de gratitude que nous
inscrirons sur la page de garde de notre dictionnaire de
vie, nous serons capables de recevoir, à travers tous nos
sens, l'amour de l'univers et nous pourrons ainsi remplir
d'amour notre âme toute entière.

Un Arbre avec Beaucoup de Feuilles

Quand nous avons des pensées de gratitude, nous res-
semblons à un arbre très feuillu qui serait capable de recevoir les rayons du soleil – ou en d'autres termes – l'amour.

Mais quand nous refusons d'être reconnaissants, nous sommes alors semblables à un arbre dénudé de feuilles, un arbre qui vivrait toujours en hiver sans jamais se préparer à expérimenter le printemps ou l'été. Plus l'arbre aura de feuilles, plus il produira d'oxygène, et plus il y aura d'oxygène, plus nous, les humains, pourrons respirer et grandir. Nous n'avons peut-être jamais accordé beaucoup de valeur aux feuilles sur les arbres, mais si demain matin, toutes les feuilles devaient disparaître, nous comprendrions sûrement que notre planète court un grave danger.

Alors, si nous voulons faire croître un arbre pour qu'il devienne un bel arbre en pleine santé, nous devons lui permettre de développer ses feuilles qui vont aussi stimuler la sève pour qu'elle circule plus librement. Dans le même sens, en ce qui nous concerne, nous les êtres humains, plus nous utiliserons notre esprit de gratitude, plus nous nous épanouirons et deviendrons des personnes excitantes. Ensuite, plus nous serons excitants, plus nous sentirons la vie circuler dans notre corps. A travers cette excitation, toutes nos émotions pourront vibrer comme les cordes d'une harpe, et c'est seulement à ce moment-là que nous sentirons que nous sommes des êtres humains avec un cœur, tandis qu'avant, nous n'avions peut-être même pas conscience de cette dimension en nous-mêmes.

A l'opposé, lorsque nous cessons de dire << merci >> nous agissons comme si nous empêchions notre être tout entier de recevoir de l'oxygène. Et quand la réserve d'oxygène est coupée, l'harmonie entre les membres de notre corps va commencer à se dégrader au point d'amener finalement le corps tout entier à se détruire. Sur la base de cette découverte, nous pouvons maintenant comprendre pourquoi certaines personnes semblent toujours radieuses et d'autres, au contraire, pas du tout. Ce n'est pas parce que nous sommes des espèces différentes d'<< arbres >> mais parce que parmi ces << arbres >> certains n'ont pas développé suffisamment de feuilles, ce qui veut dire que nous n'avons pas développé l'attitude mentale qui puisse nous permettre de recevoir beaucoup d'oxygène ou en d'autres termes, beaucoup d'amour.

Au niveau extérieur, il semble que chacun d'entre nous reçoive les mêmes choses que les autres. Par exemple, nous recevons tous pour notre travail un certain salaire de notre patron. Mais certains peuvent penser : << Et pourquoi devrais-je remercier mon patron ? Je suis ici pour travailler et je suis donc en droit d'être payé sans avoir besoin de lui dire merci >> . Néanmoins, si nous choisissons une autre façon de penser comme par exemple celle-ci : << Je travaille pour mon patron mais il n'est pas obligé de me donner de l'argent >> Quand nous recevons notre salaire, si nous le remercions, nous ressentirons de l'amour en nous parce Que nous avons considéré notre salaire comme un don et non comme un dû. Toute chose dans notre vie devrait être reçue de cette manière.

Une Tradition de Gratitude

Exprimer des remerciements est la clé Qui permet de recevoir de l'amour aussi bien en ce Qui nous concerne Qu'en ce Qui concerne la création. Bien sûr, nous pourrons toujours dire que les fleurs n'ont pas besoin de recevoir de nourriture de la part des humains car elles en reçoivent déjà de la terre. Au niveau purement physiQue, elles sont en effet indépendantes de nous, mais les fleurs se meurent Quand même parce Que l'humanité ne trouve pas nécessaire de leur donner un minimum d'attention. Si je vous demande si vous éprouvez le besoin d'être remercié pour chaQue chose Que vous donnez à Quelqu'un, vous pouvez répondre << Oh non ! Je n'ai nul besoin Qu'on me dise merci ! >> ; mais ne trouvez-vous pas douloureux de ne jamais avoir Quelqu'un Qui vous remercie pour tout

ce que vous donnez ? Et bien, c'est
la même chose pour les plantes : il
ne leur est pas facile de produire de
bonnes récoltes quand personne ne
leur porte aucune attention. Mais si
nous nous mettons à apprécier ce que les
plantes produisent, elles essaieront de nous
donner bien plus que ce qu'elles font maintenant, parce que la création se développe
sur la base de la relation que nous avons
avec elle et sur comment nous lui répondons.

C'est pour cela que, dans le passé, les gens ont dé-
cidé de choisir un jour bien spécial pour exprimer leurs
remerciements envers la création, comme, par exemple
en Amérique, la tradition de << Thanksgiving >> ou le
festival des récoltes dans beaucoup d'autres pays. Après
chaque récolte, les habitants de ces pays offraient la
création à Dieu et Le remerciaient de toutes les bénédic-
tions qu'ils avaient reçues. La création répondait à cela
et voulait donner plus, ou du moins produire de bonnes
récoltes l'année suivante. Ce n'est pas par hasard si
l'Amérique est si abondante ; en fait si vous observez la
terre de ce pays il y a beaucoup d'endroits où le sol n'est
pas très fertile, et ne se compose même, dans plusieurs
états, que de pierres de roches et de déserts. Et pourtant

c'est une nation qui a été beaucoup bénie. D'où est venu ce miracle ? Ce miracle est arrivé parce que les premiers pionniers ont dit à la fois << merci >> à Dieu et aussi à la création.

Mais de nos jours, est-ce que les fermiers expriment de la gratitude envers la création ? Parfois oui, mais certainement pas aussi souvent qu'ils le faisaient auparavant. Et pensez-vous que les gens qui vivent en ville ont l'habitude de dire merci au soleil, à l'air, à l'eau, au ciel bleu, au vent et à la pluie, à leurs maisons ou à tout ce qui les entoure ? Non, bien sûr, par conséquent la création se rebiffe et ne veut plus produire comme avant à tel point que beaucoup d'endroits sur notre planète commencent à être vraiment affectés par le comportement des personnes qui y vivent.

Quand nous ne sommes pas en harmonie en nous-mêmes, beaucoup de choses autour de nous commencent à se casser ou à disparaître, comme notre argent, notre voiture, notre bicyclette, nos meubles, notre vaisselle, les boutons de nos vêtements ou notre ordinateur par exemple. Nos amis même, finissent aussi par disparaître et un beau jour c'est au tour de notre partenaire d'arriver en brandissant les papiers du divorce. Par conséquent, si nous désirons que tout aille bien autour de nous, nous devons avant tout nous construire nous-mêmes. En d'autres mots, nous devons nous assurer que nous, en tant qu'arbres, nous avons à la fois des feuilles, un tronc garni de sève pleine de nourriture, et que nos racines sont plantées dans un sol bien fertile.

Si nous lisons dans la Bible le passage de Romains 8:19, nous pouvons voir que la création souffre. En effet, il est écrit : << La création attend la révélation des fils de Dieu >> . Cela veut dire que la création attend que les << créatures >> se mettent à vivre avec l'énergie de l'amour. Toute la création attend que nous développions nos cœurs et c'est dans cette attente qu'elle nous soutient et nous donne le meilleur d'elle-même.

Par conséquent, les êtres humains ont vraiment besoin de se concentrer à donner et recevoir l'amour avec une attitude de gratitude ; c'est cette attitude qui leur permettra de grandir et de se développer. Si une plante ne peut recevoir ni air ni eau ni aucun nutriment, elle va commencer à périr ou devenir comme un cactus. De la même façon, si les êtres humains ne reçoivent pas d'amour, il est fort possible, qu'au fur et à mesure du temps, ils passeront de l'état d'arbres tranquilles à une sorte de cactus desséché et rabougri.

Et quand leur âme sera devenue complètement sèche, personne ne sera vraiment surpris de voir ces humains se lancer à la conquête d'autres pays, en détruisant sur leur passage toutes les beautés naturelles de ces pays.

La Motivation de Dieu en Créant

Comment pouvons-nous donc obtenir cette nourriture dont nous avons tant besoin pour notre bonheur ? Si nous observons et étudions la théorie de Dieu, nous pouvons voir que Dieu ne prend jamais ni ne donne par force. Ce n'est pas par un sentiment de devoir que Dieu a créé l'univers. Je crois que c'est joyeusement que Dieu a créé l'univers à Son image. Par conséquent, si vous choisissez plutôt le point de vue de : << Je veux le faire >> au lieu de << Je dois le faire >> , Dieu sera très heureux de devenir votre très proche ami et de vous donner Son amour. Vous vivrez d'une manière bien spéciale qui est de donner librement et de permettre aux autres également de se sentir libres de donner.

Si vous désirez toujours donner au lieu de penser << je dois donner >> vous allez retirer tout votre égoïsme à travers ce processus. Mais si vous ne le faites pas, vous garderez alors votre attitude de tou-

jours vouloir commander les autres. Vous aurez cette
même attitude également envers vous, pensant que
vous devez absolument accomplir quelque chose même
si cela vous semble trop difficile. Et parce que vous n'y
arrivez pas, vous allez demander aux autres de le faire
à votre place, avec un ton très autoritaire.

Nous avons donc besoin d'apprendre une nouvelle
théorie qui est celle de << vouloir >> donner quelque
chose aux autres. Si nous faisons grandir le désir de
donner au lieu d'exiger que nous-mêmes ou les autres
donnent, nous allons commencer à remplir notre âme et
retirer notre << faim >>. A l'opposé, la loi de forcer
les autres à donner nous conduira à tout perdre jusqu'à
notre propre vie physique.

De ce point de vue, nous comprenons pourquoi le
Christianisme autant que beaucoup d'autres enseigne-
ments religieux nous demande de ne rien exiger de Dieu
car une relation basée sur le << marchandage >> avec
Dieu est tout à fait inacceptable. Pourtant un grand nombre
de personnes religieuses prient Dieu avec toute une liste
de ce qu'elles veulent ou ce dont elles ont besoin. Elles
demandent à Dieu d'accomplir beaucoup de choses pour
elles. Ces prières au caractère égocentrique, possessif et
autoritaire ne mettent pas Dieu au-dessus de nous mais Le
relèguent dans une position au-dessous de nous.

Si nous plaçons Dieu au-dessous de nous, Il nous quittera et nous ne pourrons plus recevoir d'amour de Sa part. De plus, une fois que Dieu s'éloigne des personnes qui exigent trop de Lui et qui pourtant se disent religieuses, un fossé va se creuser entre ces personnes et les églises qu'elles fréquentent ; c'est l'une des principales raisons qui font que les gens se détournent de la religion aujourd'hui.

Par conséquent, pour nous assurer que nous mettons bien Dieu au-dessus de nous, nous devons examiner avec soin la façon dont nous nous adressons à Lui. Nous devrions commencer en disant : << Père, je veux T'offrir quelque chose ; je veux Te dire : merci >> . Dire merci pour ce que nous avons déjà reçu, permettra à Dieu de nous donner ce qu'Il sent vouloir nous donner. Nous n'avons pas besoin de demander avec autorité ce que nous voulons parce que Dieu nous donne déjà ce dont nous avons besoin.

Quand nous sommes reconnaissants, nous apprenons à voir tout ce que nous avons déjà, et pour quelque raison, nous ne ressentons plus le besoin d'avoir davantage ; et, c'est le premier miracle. Le deuxième miracle, c'est que le fait de dire << merci >> à Dieu va Lui permettre de continuer à nous donner Son amour, ce qui transformera notre âme et la fera passer d'une terre desséchée à une terre bien humidifiée et luxuriante. Notre âme sera comblée et par conséquent, nous éprouverons le désir de donner plus à ceux qui sont autour de nous. Une attitude de gratitude fera automatiquement ruisseler et même couler l'amour en nous, et les gens se sentiront attirés de venir près de nous. Tôt ou tard, ils auront le désir de nous faire un don, parce que, quand on reçoit de l'amour, on veut toujours donner quelque chose en retour.

Il en est de même avec la création ; les arbres fruitiers diront : << Je veux te donner davantage de fruits parce que tu le mérites >> : ou bien : << Je veux te donner de plus gros fruits parce que ton cœur est plus gros ! >> . Ils voudront produire plus de fruits parce qu'ils ressentiront de l'amour qui vient de notre part. Alors de partout, la création se sentira heureuse d'être mangée par vous, et aura le désir de se reproduire et se multiplier par milliers. Ainsi grâce à ce cadeau qui nous vient de la création, le problème de la faim dans le monde sera résolu.

La Sainteté Du Christ

Si vous devenez une personne qui est constamment reconnaissante envers beaucoup de choses, il est certain que le jour arrivera où d'autres personnes viendront vous dire que vous êtes une personne de sainteté. Et parce qu'elles vous voient comme quelqu'un de saint, elles éprouveront le désir de vous donner quelque chose. A travers toute l'histoire du Christianisme, le fait de suivre la loi de désirer offrir quelque chose à quelqu'un de très beau et très lumineux, a poussé beaucoup de personnes à consacrer leur vie à Jésus.

Si Jésus n'avait pas été aussi lumineux, il aurait été impossible que tant de personnes veuillent lui donner leurs vies. Elles auraient simplement essayé de le suivre. Si Jésus n'avait été qu'un homme très bon, les gens auraient reçu sa sagesse mais auraient continué leur vie séparément de lui. Pour que quelqu'un accepte de donner sa vie à Jésus, il faut vraiment que Jésus ait été fait de perles ou d'or et porte la marque de l'amour.

Imaginons pour un instant que, à son époque Jésus ait changé de philosophie et se soit mis à dire aux gens qu'ils devaient absolument croire en lui sinon il les tuerait...... Je ne pense pas que dans cette situation Dieu ait pu continué pendant longtemps à lui donner Son amour. Et les personnes autour de Jésus auraient désiré s'enfuir dans un autre pays le plus éloigné possible, au lieu de vouloir rester avec lui jour et

nuit, en le suivant à travers tout Israël comme ils l'ont fait.

Les gens voulaient suivre Jésus parce qu'il était empreint de sainteté ; il était un vrai saint. Mais on peut se demander pourquoi toutes les personnes religieuses qui ont suivi le Christ ne sont pas devenues comme le Christ ? Cela doit être parce que, en cours de chemin, ces personnes se sont mises à exiger quelque chose concernant leurs propres besoins plutôt que de montrer de la reconnaissance et chercher à donner de l'espoir à Jésus. En dépit du fait qu'elles ont donné leur vie à Jésus, elles ont dû, en cours de route, commencer à lui demander de l'aide. Elles ont peut-être bien reçu l'aide qu'elles demandaient mais elles ne sont pas devenues comme le Christ. Si nous recherchons les éléments qui nous font ressembler à Jésus et nous rapprochent du Christ, nous devons regarder la nature de Dieu Lui-même. Et à moins de suivre le chemin de la gratitude, nous n'attirerons pas les gens à nous avec la même force d'attraction que celle du Christ.

Beaucoup de personnes religieuses oublient qu'elles doivent centrer leurs efforts sur comment devenir les réceptacles de l'amour de Dieu, ou en d'autres mots comment devenir un récipient suffisamment grand pour pouvoir contenir le liquide de l'amour de Dieu. Par con-

séquent, au lieu de nous tracasser sans cesse pour essay-
er d'acquérir toujours plus de choses, demandons nous
comment faire pour devenir plus beaux et plus lumineux
afin de contenir tout l'amour que Dieu veut nous donner quand Il le décidera. Nous voulons être comme une
jarre, pas simplement comme une passoire. Pourtant, si
nous ne savons pas, ou si nous oublions que c'est notre
principale raison d'être sur cette terre, il ne sera pas sur-
prenant de nous retrouver en train de décliner sans avoir
achever notre destinée qui est de devenir le récipient de
l'amour de Dieu. Et si nous ne pouvons pas atteindre
la destinée pour laquelle Dieu nous a créés, la création
elle-même voudra nous abandonner et les fleurs autour
de nous refuseront de fleurir.

Jésus-Christ a dit que celui qui aime le Père Céleste
héritera de toute la création. Dans Matthieu 6:33, il est
écrit : << Cherchez d'abord le Royaume de Dieu et Sa
Justice, et toutes les choses vous seront données en
plus >> . Ce précepte est certainement la loi essenti-
elle pour devenir les enfants de Dieu. Par conséquent,
si nous voulons devenir les enfants de Dieu et hériter du
Royaume de Dieu, nous devons suivre cette loi avec un
cœur d'humilité.

Si vous recherchez ce que je viens juste d'expliquer,
vous deviendrez une personne d'amour : les gens aim-

eront venir à vous et vivre autour de vous. Votre famille désirera rester avec vous au lieu de souhaiter se détacher de vous. Vous deviendrez comme le soleil autour duquel toutes les planètes sont heureuses de vivre. Elles auront le désir de tourner autour de vous au lieu d'être comme des météorites perdues dans le système solaire avec l'espoir que quelque planète veuille bien les adopter.

Peut-être d'ailleurs que ces météorites tournent de la sorte parce qu'elles ont en elles-mêmes quelque chose qui les empêche de s'unir avec la loi des planètes ? C'est ce qui nous arrive lorsque nous oublions d'aimer Dieu. Nous sentons que nous ne sommes plus une planète avec le soleil en son centre mais que nous devenons comme une météorite errant dans le si vaste système solaire. En même temps, le fait de continuer d'agir de cette façon va entraîner que tout ce qui nous entoure se mettra à s'écrouler ou se séparer de nous.

Si nous devenons des météorites, ce n'est sûrement pas la faute de Dieu. Dieu a fait que chaque particule de matière dans l'univers comprenne la loi de s'unir à une autre particule, afin de créer quelque chose de plus grand jusqu'à finalement devenir une planète qui, avec le temps, donnera naissance à la vie. Par conséquent, si les êtres humains acceptent cette loi, et cherchent à travailler harmonieusement avec les autres, ils recevront de l'amour

et pourront construire un royaume où l'amour peut régner. Nos vies sont bien plus faciles que celles de nos grands parents, qui travaillaient si dur pour gagner chaque soir le dîner de leur famille. En ce sens, aujourd'hui, tant de miracles nous arrivent, mais parce qu'ils sont si nombreux et que nous sommes si habitués à les voir, nous ne voulons même plus les reconnaître.

Apprenons alors de l'Histoire. Apprenons des premiers colons américains, qui ont su montrer leur gratitude envers la création. Leurs chants étaient emplis de reconnaissance et d'amour pour Dieu, et pourtant l'Amérique n'était qu'une simple région sauvage. Mais leur gratitude les a fait s'élever jusqu'à devenir la plus grande force qui dirige le monde.

Même si extérieurement les choses ont changé, et même si nos ancêtres nous paraissent perdus dans les annales de l'Histoire, les hommes d'aujourd'hui ne devraient prendre ni le chemin de l'indifférence, ni celui de vouloir être le chef de tout le monde y compris même de Dieu. Les citoyens de cette planète ont besoin au contraire de reconnaître tout ce qui leur est donné.

En faisant cela, ils peuvent accomplir deux choses : premièrement nourrir leur corps physique avec les nutriments matériels, et deuxièmement, recevoir la nourriture d'amour pour leur corps spirituel, ce qui les amènera à former une personnalité harmonieuse.

Si vous vous rebellez devant le fait de devenir reconnaissant, vous recevrez seulement la nourriture physique mais pas l'amour. Par conséquent vous vous plaindrez sans arrêt que rien ne va comme vous le voulez autour de vous. Quand vous vous plaignez, vous repoussez tout l'amour que pourtant vous souhaitez et rien ne vous rendra heureux, même si toute votre famille et toute la création sont atour de vous. Quand vous vous plaignez, vous repoussez tout l'amour qui se dirige vers vous et vous vous isolez de plus en plus des autres. C'est une vraie tragédie.

La Terre Promise

Avez-vous déjà remarqué que, lorsque vous vous trouvez dans un environnement nouveau à la fois pour vos yeux, vos oreilles et votre corps tout entier, vous êtes en général reconnaissant ? Les premiers colons anglais qui arrivèrent en Amérique se montrèrent très reconnaissants au début, envers ce nouveau pays et envers les natifs qui vinrent les aider. Mais que se passa-t-il plus tard ? Qu'arriva-t-il aux américains natifs de ce pays ? En quelques années ils furent décimés. Au début, les colons se montrèrent reconnaissants parce qu'ils étaient libérés de la vie misérable qu'ils avaient vécue dans le pays qu'ils venaient de quitter, mais quelques années plus tard, ils cessèrent d'avoir de la reconnaissance envers Dieu et les personnes autour d'eux. Ils commencèrent à oublier leur plus profond désir et la motivation qui les avait poussés à s'établir dans ce pays qu'ils appelaient << la Terre Promise >> . Quand ils perdirent leur esprit de gratitude envers Dieu et les gens autour d'eux, ils développèrent une autre nature : celle de se plaindre à tel point qu'ils se mirent à accuser ce nouveau pays et ses citoyens comme étant la cause de leur nouvelle misère.

Si cette réalité est arrivée à des personnes qui croyaient en Dieu et voulaient fonder un nouveau pays où la bonté serait le centre principal de la vie, qu'en est-il pour ceux qui n'ont pas de si nobles buts ? Rie ne les arrêtera de choisir le chemin de la plainte au lieu de la voie de la gratitude. C'est ce qui fait que tant de citoyens de ce pays et même du monde ont finalement développé du ressentiment envers Dieu. Mais la vérité est que si vous êtes reconnaissant pour ce que vous avez reçu, vous recevrez l'amour de Dieu. Et si vous n'êtes pas reconnaissant, vous ne recevrez d'amour ni de la création, ni des gens et ni de Dieu.

Nous savons que l'amour n'a pas de forme bien définie, mais grâce à cela elle peut prendre n'importe quelle forme, tout comme l'air. Alors, quand nous prenons un verre d'eau, nous pouvons penser que tout l'amour est contenu dans cette eau. Si nous avons ce point de vue-là, quand notre corps a besoin d'eau, ce n'est pas juste un verre d'eau que nous buvons, mais c'est en fait un verre d'amour que nous donnons à notre corps et à notre âme. Cette situation est absolument une sorte de mystère.

Par conséquent, chaque fois que nous recevons quelque chose et disons << merci >> ce n'est pas seulement un objet que nous recevons, mais également de l'amour contenu dans la forme de cet objet. En nous maintenant sur cette pensée, si nous nous imaginons en train de recevoir un verre d'eau, un cornet de glace ou un café, nous allons déjà ressentir de l'amour.

L'Histoire nous montre que sur notre planète, un grand nombre de gens doit avoir cru que de demander à Dieu de les aider était bien mieux que d'être remerciant envers Dieu pour ce qu'ils avaient. Cette attitude nous explique pourquoi cette planète n'a pas reçu d'amour, au point que la création elle-même est en train de mourir. Par conséquent, la seule façon de faire revivre la création est de reconnaître qu'elle a été donnée par Dieu.

Dieu a passé tellement de temps à créer beaucoup de formes différentes pour que nous ne soyons jamais lassés de nous montrer reconnaissants ; et pourtant dans notre monde aujourd'hui, en dépit du fait que nous avons plus de choses que jamais auparavant, les humains ressentent toujours une forte demande d'amour. L'amour ne passe pas d'une manière automatique à travers ce que nous faisons, ce que nous mangeons ou ce que nous touchons. Si nous voulons amener de l'amour à l'intérieur de nous-mêmes, nous devons absolument être tout le temps reconnaissants.

L'amour n'est pas seulement dans la nourriture ; il est tout autour de nous, par exemple dans la nature et dans ses magnifiques paysages. Nous devons apprendre à dire << merci >> à toute chose. En outre, quand nous grandissons, nous ne devons plus nous contenter de dire << merci >> pour les mêmes choses mais pour quelque chose de plus profond. Oui, sur la base du développement de notre conscience, nous pourrons désormais commencer à reconnaître l'amour à travers les autres

personnes et finalement venant directement du cœur de Dieu.

Quand une mère donne du lait à son bébé, elle devrait penser : << Quand je suis en train de donner mon lait, c'est de l'amour que je donne à mon bébé >> . Avec cette pensée, elle ne nourrit pas seulement le corps de son bébé, mais également son âme. Quand vous faites la cuisine pour les autres, vous ne devriez pas juste penser que vous voulez faire de la bonne nourriture, mais investir tout votre amour dans cette nourriture. Si vous allez au restaurant et qu'on vous sert la nourriture d'une manière grossière, vous risquez d'être malade parce qu'il n'y a pas d'amour en elle. Si quelqu'un n'investit pas d'amour dans ce qu'il ou elle fait, les personnes vont automatiquement devenir de plus en plus malades, à la fois physiquement et spirituellement. Ceci est aussi vrai et réel aujourd'hui, qu'à n'importe quelle autre époque de l'Histoire.

Pourquoi ressentons-nous que nous sommes en train de mourir ? C'est parce que personne ne veut reconnaître ce qu'il reçoit des autres. Il est important de reconnaître à la fois la personne physique qui donne quelque chose et l'amour qui est contenu à l'intérieur de cette chose. Les personnes dites religieuses ont tendance à vouloir ne rien avoir à faire avec les choses matérielles et à en posséder très peu ; elles croient que les choses matérielles sont créées comme des obstacles qui les empêchent de recevoir l'amour. Par conséquent, pour se substituer à ces choses matérielles, ces personnes recherchent des mots qu'elles appellent la parole de Dieu en pensant qu'à travers la lecture assidue de ces mots, elles pourront recevoir l'amour de Dieu. Au-delà d'une telle croyance, est-ce que ces personnes reçoivent l'amour de dieu ? Est-il vrai que, tout en rejetant la matière, nous ayons plus de chance d'être des personnes << intérieures >> et donc de recevoir plus d'amour de Dieu ? Une chose est sûre : si notre attitude est basée sur << il faut >> et << on doit >> qui s'inscrit sur la première page de notre dictionnaire de vie, nous ne pouvons recevoir aucun amour de Dieu, peu importe combien de choses matérielles nous rejetons, ou de combien de livres saints nous nous entourons.

Beaucoup de personnes religieuses parlent de la Terre Promise. Mais est-ce qu'elles l'ont atteinte ou bien cette Terre Promise n'est devenue qu'une terre de rêve avec l'espoir de perfection qui est tombé sur le côté ? Et beaucoup de ces personnes, à la fin de leur vie, vous confieront qu'elles ne croient plus en une Terre Promise ni même en une Terre qui les fasse rêver.

Mais nous ne savons pas que la raison qui fait que nous ne pouvons atteindre cette Terre Promise est que nous cessons d'être reconnaissants pour tout ce que nous avons reçu. A la place, les gens commencent à se rebeller contre la création, et ont beaucoup d'exigences envers les autres, se plaignant aussi sans arrêt de ceux avec qui ils travaillent ou avec qui ils vivent. Si nous suivons cette voie, nous tournerons à coup sûr notre dos à Dieu, L'accusant de nous abandonner. Néanmoins, si Dieu a le désir de voir les êtres humains devenir parfaits, Il a sûrement dû prévoir les éléments qui conduisent à la réalisation de cette possibilité. La tragédie est que, lorsque nous perdons notre attitude de gratitude, nous mourons spirituellement, et Dieu ne peut plus nous rappeler que notre destinée est de devenir parfait tout comme Jésus l'était.

Alors comment nous assurer que nous avançons toujours dans la direction de la Terre Promise ? Si nous devions résumer cette assurance d'accomplissement par un mot, ce serait le mot << gratitude >> : la gratitude envers tout ce que nous apprenons et envers tout ce que nous recevons. Comprenez bien s'il vous plait, qu'avec cette attitude, nous maintiendrons nos yeux toujours ouverts pour reconnaître l'amour contenu dans toute chose et par conséquent nous pourrons recevoir cet amour. C'est seulement en disant << merci >> que nous pouvons percevoir l'amour, et par conséquent, entrer dans la

Terre Promise. Alors, par exemple quand nous marcherons dans un jardin, nous serons capables de percevoir que tout est en train de fleurir avec amour. Cela veut dire que nous recevrons tout l'amour qui est exprimé et contenu dans ce jardin.

Cultiver L'esprit de Gratitude

Pour développer et cultive notre esprit de gratitude, le mieux est de commencer dès l'enfance. Nous le savons déjà en quelque sorte, et par conséquent, les adultes essaient toujours d'apprendre à leurs enfants ce qui est juste et bon, même si eux-mêmes ont des difficultés à appliquer ce qu'ils enseignent. La première leçon qu'ils enseignent est de dire << merci >> à chaque petite chose que leur enfant reçoit. Ils demandent à l'enfant de dire << merci >> à Maman pour le verre de lait qu'elle va lui chercher, pour la coccinelle qui se pose sur la table du pique-nique, pour les lacets des chaussures que son papa lui fait, pour le plus petit cadeau reçu, ainsi de suite… Mais hélas ! Cette attitude de gratitude, en général, disparaît avec le temps qui passe. Et quand les enfants parviennent à l'âge adulte, au lieu de continuer à développer un esprit de gratitude, ils développent un esprit totalement opposé.

Cet esprit opposé nous fait devenir individualistes. Nous recherchons une manière de vivre qui ne nous oblige pas à être reconnaissants les uns envers les autres, ou envers ce qui nous arrive, à tel point que nous préférons presque ne pas être avec les autres pour n'avoir pas à leur dire merci. Si nous souhaitons éviter cette destinée individualiste, nous devons à la place nous éduquer, nous et nos enfants à dire merci pour tout et partout. Même quand nous payons chez l'épicier ce que nous avons acheté, nous devrions dire merci. C'est ainsi que nous devrions éduquer nos enfants et c'est ainsi que nous devrions agir à l'intérieur de notre âme.

Si vous dites merci aux autres, est-ce qu'ils se sentiront mal ou très bien ? La plupart du temps, personne ne remercie celui qui travaille parce que nous pensons que cette personne est payée pour faire son travail, et par conséquent << doit >> le faire. Mais même si les gens n'étaient pas payés, est-ce que nous commencerions à leur dire merci ? Rien n'est moins sûr parce qu'il y a quelque chose en nous qui refuse de s'incliner devant quiconque ; en effet, chaque fois que nous disons merci à quelqu'un nous nous mettons en fait << sous >> cette personne pendant un bref moment. Et parce que les êtres humains n'aiment pas s'abaisser devant qui que ce soit, je ne pense pas qu'il nous soit facile de nous abaisser devant ceux qui nous donnent quelque chose en dépit du fait qu'ils soient ou non payés pour le faire.

Pourquoi est-il plus facile d'apprendre à être reconnaissant en commençant en tant qu'enfant à dire merci pour tout et partout ? Un enfant, en quelque sorte, du fait de sa petite taille comprend peut-être qu'il est dans la position d'être sous ses parents, par conséquent, il accepte de dire merci. Mais comme cet enfant grandit et se met à avoir la même taille que ses parents, il n'acceptera plus qu'on lui rappelle de dire merci. Bien au contraire il déclarera que grâce à sa taille devenue la même que celle des adultes, il n'a plus besoin de dire merci.

A partir de ce moment, il va commencer à se plaindre, et donc ne recevra plus d'amour de ce qui est autour de lui, parce que le fait de se plaindre est semblable au geste de mettre un bouchon au goulot d'une bouteille. Une fois la bouteille fermée, il ne reste que le contenu qu'elle renferme pour étancher notre soif. Si nous n'enlevons pas le bouchon pour la remplir de nouveau le contenu de cette bouteille reste le même ; mais combien de temps une personne peut-elle vivre avec une seule bouteille d'amour ? Pas très longtemps ; cela veut dire que cette personne va très rapidement sentir

la soif et se plaindre que personne ne l'aime. N'est-ce pas cette plainte que nous entendons comme un écho sortir de la bouche de nos adolescents ?

Il est donc sage d'apprendre à nos enfants, et peu importe leur âge ou leur taille, à dire << merci >> à leur mère, à leur père à leurs professeurs, à leurs frères et sœurs et à toute personne qui leur donne quelque chose. Ils peuvent alors continuer à recevoir l'amour à l'intérieur de leur << bouteille >> ou leur << âme >> ; nous devons leur enseigner cela et nous devons aussi nous-mêmes le mettre en pratique bien sûr. Si nous sommes déterminés à dire << merci >> encore et encore, l'amour de Dieu ne passera pas à côté de nous, mais entrera au contraire par notre porte qui est grande ouverte. L'obéissance envers la gratitude rendra notre âme très belle. Ce n'est donc pas en écoutant un beau message que nous devenons une bonne personne, mais c'est parce que nous sommes reconnaissants en écoutant un beau message que nous devenons une belle et bonne personne. Plus notre esprit montrera de la gratitude, plus nos yeux verront ce qui est autour d'eux. Et, plus nous verrons ce qui vit autour de nous, plus nous serons capables de percevoir l'amour et donc de recevoir l'amour.

Si vous faites quelque chose pour les autres, ne dites jamais : << Je dois le faire >> parce qu'il n'y aura pas d'amour à l'intérieur de votre acte. Dites plutôt << Je veux te servir >> et alors l'amour de Dieu passera à travers vous. Au niveau extérieur, vous faites les mêmes actes, mais vos sentiments changent peu à peu. Cela peut prendre des années, mais vous deviendrez un être humain différent. Si vous prenez soin de vos enfants pace que vous le << devez >> en tant que parents, cela va très vite devenir ennuyeux. Dès que vous utilisez le langage du << devoir >> vous allez vous apercevoir que vos sentiments disparaissent et que vous accomplissez seulement des actions physiques. Vous pouvez vous rappeler tout ce que vous avez fait mais il n'y a aucun sentiment associé avec vos actes. Vous ne sentez pas que vous grandissez, pas plus que vous ne sentez d'amour. Le fait est que vous ne pouvez ressentir de l'amour que quand vous voulez faire quelque chose pour quelqu'un d'autre et que vous dites : << merci >> .

Il se peut que si quelqu'un vous donne un verre d'eau un jour où vous êtes vraiment assoiffé, vous soyez très reconnaissant envers cette personne. Mais si vous n'êtes pas si assoiffé, vous ne direz pas << merci >> . C'est seulement quand vous vous trouvez au bout du rouleau que vous dites << merci >> . Mais vous pouvez commencer à recevoir l'amour sans attendre d'être désespéré ; vous n'avez pas besoin de souffrir pour vous souvenir de dire

<< merci >> . Vous devriez comprendre que vous devez toujours continuer à rester reconnaissant. C'est la clé pour recevoir l'amour qui est autour de vous.

Tout est un Don

A partir de maintenant, ne pensez plus que les gens sont obligés de vous donner quelque chose. Dites plutôt << Je suis si reconnaissant >> quand vous recevez quelque chose. Comme vous faites cela, vous recevez de l'amour, et la personne qui donne reçoit également de l'amour. Et même si vous ne recevez rien de personne, vous pouvez quand même dire << merci >> au Père Céleste car vous avez au moins la vie, votre vie. Il y a donc toujours quelque chose envers quoi on peut avoir de la gratitude.

Nous devons combattre cette force qui essaie de nous arrêter de reconnaître ce que les autres nous donnent ou qui essaie de nous arrêter de voir ces situations comme étant spéciales. Cette force cherche toujours à nous souffler << Ne dis surtout pas merci ; ce sont les autres qui doivent d'abord te dire merci >> .

A partir de maintenant, vous devez penser que tout est un don. L'eau, par exemple, est un don. La création n'a pas besoin de vous donner de l'eau ; elle le veut. Tout

a été fait par Dieu comme un don pour vous. Dieu voulait créer le monde ; Il ne pensait pas qu'Il << devait >>
le créer. Par conséquent, en tant que Ses enfants nous
devrions commencer à voir tout ce que nous faisons avec
le point de vue que << Je veux faire ceci, je veux devenir
une bonne personne >> ce qui est aussi le désir de Dieu
pour chacun de vous.

Les enfants qui vivent dans une atmosphère de gratitude apprendront tout naturellement aux autres à penser
et à vivre de la même façon. Il est certain qu'un enfant
né de parents reconnaissants montrera beaucoup plus
d'enthousiasme et d'énergie qu'un enfant non désiré.
Les enfants qui n'ont pas été désirés doivent lutter à
l'intérieur d'eux-mêmes pour découvrir leur valeur et
contrôler l'appel du désespoir.

Nous devons reconnaître que ce qui rend un enfant
différent d'un autre est l'environnement dans lequel la
graine de la vie a été plantée. Sur la base du terrain sur
lequel l'enfant a grandi, ou de la qualité de la << graine
>> dont il provient, il lui sera plus ou moins difficile
d'accomplir une destinée de bonté et d'amour.

Alors si un jour votre enfant vient vous dire << Maman,
je veux t'aider >> cela fera vraiment fondre votre cœur. Le
plus important ne sera pas qu'il fasse très bien mais qu'il
veuille vous aider. Et si votre enfant veut aider, c'est déjà

un miracle en soi. A ce moment précis, l'enfant ouvre son être tout entier, et par conséquent, Dieu peut lui donner Son amour. L'enfant sera heureux, et maman aussi sera très heureuse. Mais celui qui sera le plus étonné sera l'enfant lui-même parce qu'il vient de découvrir la joie de donner.

Plus nous persévérons dans la pratique de la gratitude, plus notre personnalité s'épanouira et s'améliorera, ce qui n'est pas seulement bien pour nous-mêmes, mais pour tous ceux qui vivent avec nous. Ces personnes, à leur tour, ressentiront le désir de nous dire merci, pas seulement pour se montrer polies mais parce que nous sommes devenus beaux à leurs yeux. Notre époux ou épouse va se mettre à nous servir sans se sentir dans l'obligation de << devoir >> le faire. Mais dans l'attente de ce jour, nous devons vraiment travailler dur !

Ce secret pour que les êtres humains deviennent de belles personnes a été en quelque sorte enterré dans le sable et les gens ont commencé à sentir qu'ils devaient oublier d'avoir de la gratitude et lutter simplement pour obtenir ce qu'ils désiraient. Mais à partir de maintenant, et quel que soit notre âge, ne

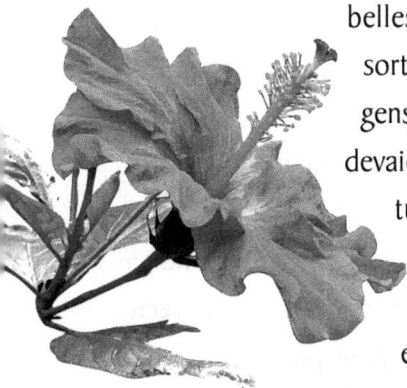

perdons plus de temps, parce que nous devons grandir et parvenir à maturité avant d'aller dans l'autre monde. En fait, nous pouvons commencer à être heureux et respirer l'amour à partir du moment où nous décidons d'éduquer notre esprit à être reconnaissant au sujet de ce que nous touchons avec nos mains, percevons avec nos yeux, ou entendons avec nos oreilles. Oui, indépendamment de notre âge, nous devrions considérer cela comme une urgence et commencer dès maintenant.

Tant que nous sommes jeunes, nous avons beaucoup d'énergie et nous pensons que nous pouvons survivre dans n'importe quel endroit et dans n'importe quelle condition. Mais notre vie n'est pas une question de survie, c'est une question de comprendre comment vivre avec Dieu dans ce monde autant que dans l'autre.

Jusque là, vivre dans ce monde a ressemblé à une bataille pour la survie, mais si nous continuons de la sorte, combien de temps encore la terre va-t-elle pouvoir nous soutenir ? Il est peut-être préférable de penser que nous allons mourir demain afin de nous mettre la pression d'être reconnaissant chaque jour pour ce que nous avons. Et si vous êtes encore jeune, dites vous de ne pas attendre d'avoir soixante ans pour commencer à apprécier les choses. Il est alors trop tard pour pratiquer, surtout si durant toute votre vie vous avez utilisé souvent le mot << doit >> envers vous-même et envers les autres.

Si vous voulez vous maintenir en sécurité du côté de Dieu, du plus profond de vous-même, vous aurez à enlever le mot << doit >> de votre vocabulaire et vous mettre à être reconnaissant pour tout ce qui se trouve autour de vous. Vous deviendrez de cette façon le seigneur de la création, et vous serez capable de guider tout enfant né de vous à se tenir également du côté de Dieu. Par conséquent, mettons nous au défi de voir combien de fois nous pouvons reconnaître l'amour qui vient à nous. Qu'en est-il lorsque les gens nous sourient ? Est-ce que cela n'est pas de l'amour ? Combien de personnes nous ont souri dans notre vie ou même juste aujourd'hui ? Répondez s'il vous plait à cet amour, reconnaissez-le et souriez en retour. C'est un petit détail, mais c'est la façon de devenir bon, comme Dieu est bon Lui aussi. Plus nous dirons << merci >> au moindre des détails de notre vie, plus nous serons à même de reconnaître l'amour partout autour de nous ; alors Dieu ne regrettera plus d'avoir créé l'humanité. Au lieu de cela, Il se réjouira d'avoir créé de si beaux enfants remplis d'amour.